Цей зошит належить:

____

Ім'я:

ЛІТЕРА

А

А А А А А А А А

А А А А А А А А

А А А А А А А А

Ім'я:

ЛІТЕРА

Б

Б Б Б Б Б Б Б Б

Б Б Б Б Б Б Б Б

Б Б Б Б Б Б Б Б

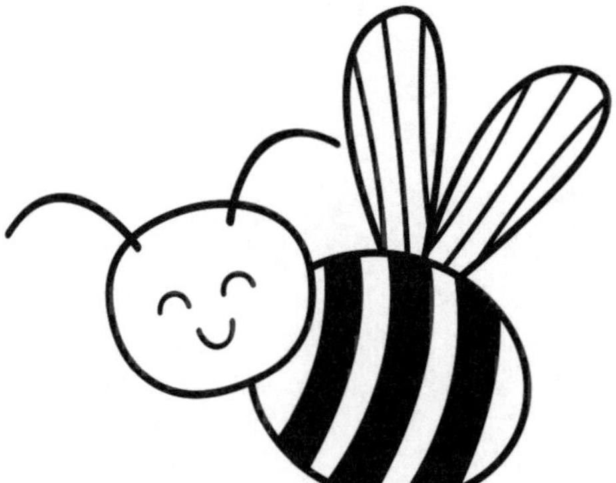

Ім'я:

ЛІТЕРА

В

В В В В В В В В

В В В В В В В В

В В В В В В В В

Ім'я:

ЛІТЕРА

Г

Г Г Г Г Г Г Г Г

Г Г Г Г Г Г Г Г

Г Г Г Г Г Г Г Г

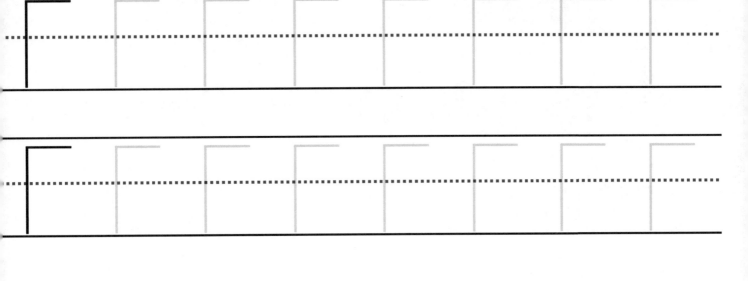

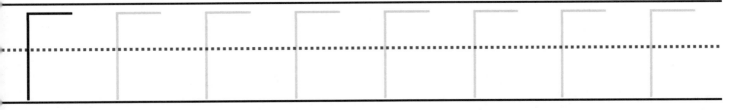

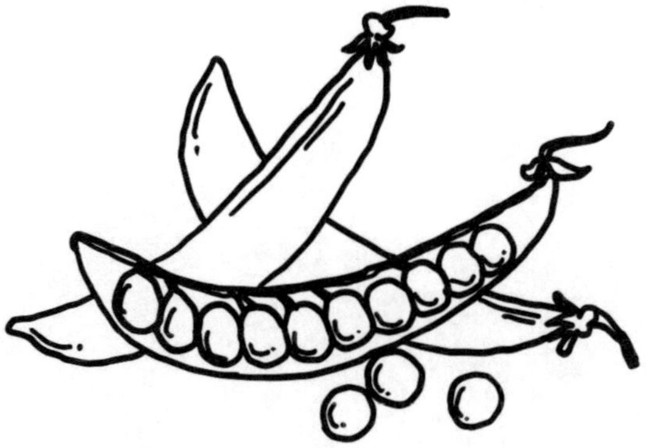

Ім'я:

ЛІТЕРА

Ґ

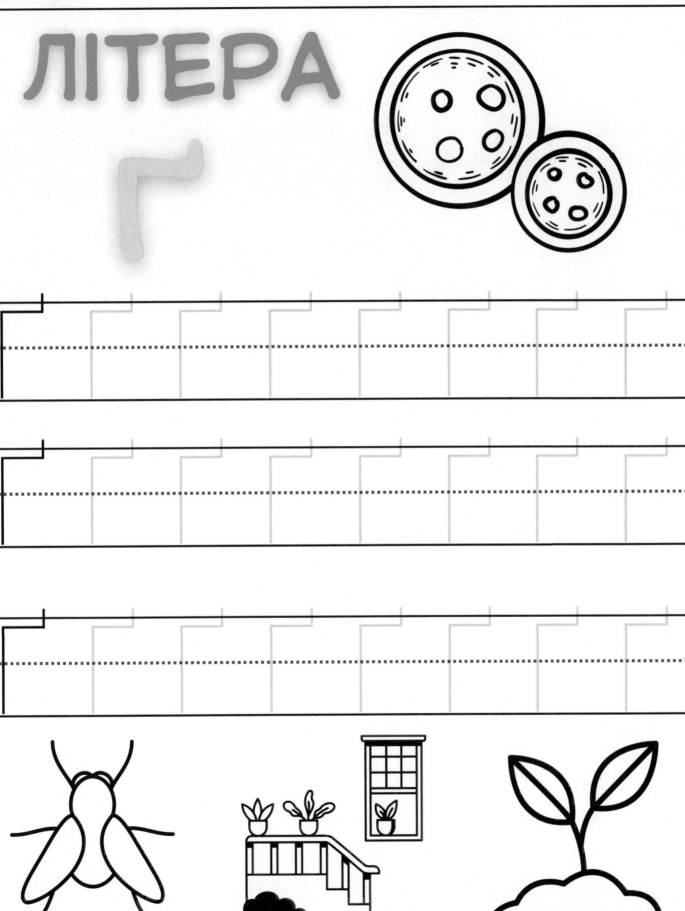

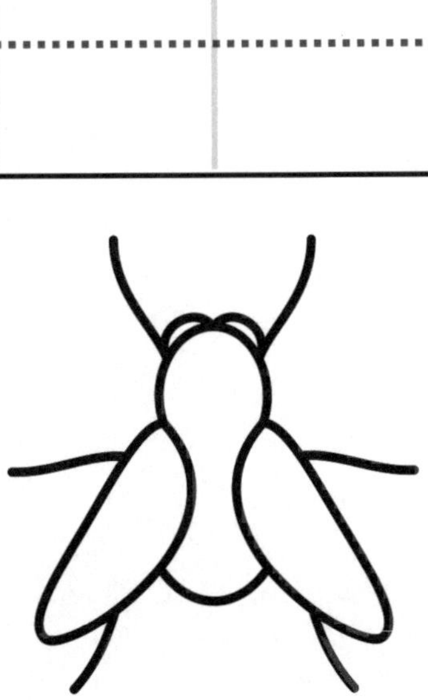

Ім'я:

ЛІТЕРА

Д

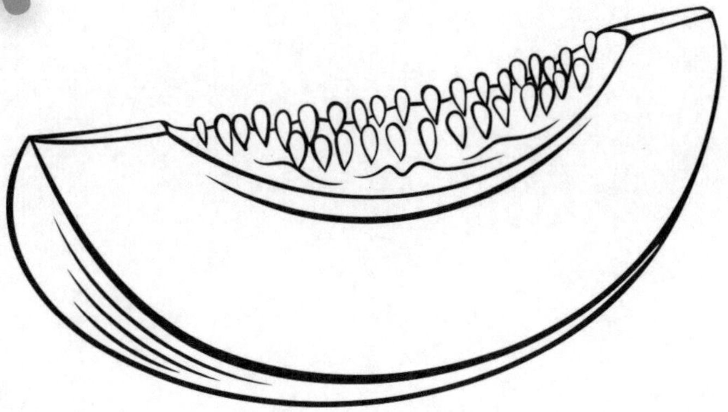

Ім'я:

ЛІТЕРА

Е

Е Е Е Е Е Е Е Е

Е Е Е Е Е Е Е Е

Е Е Е Е Е Е Е Е

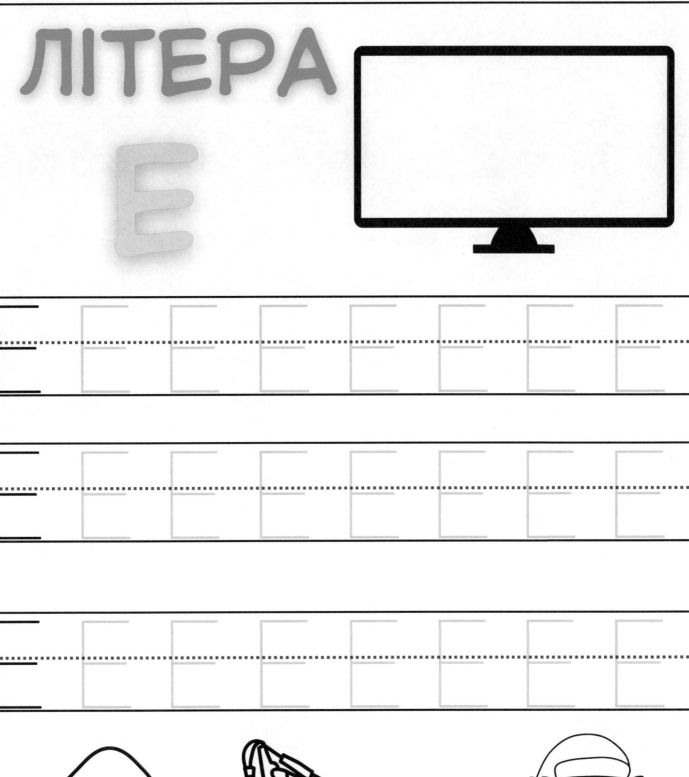

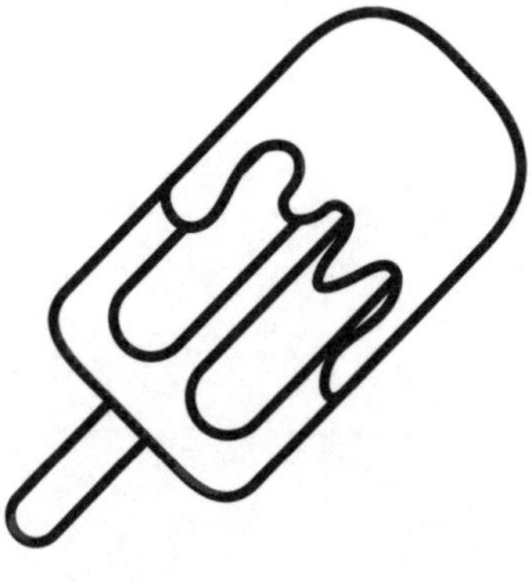

Ім'я:

ЛІТЕРА

Є

Є Є Є Є Є Є Є Є

Є Є Є Є Є Є Є Є

Є Є Є Є Є Є Є Є

Ім'я:

ЛІТЕРА

Ж

Ж Ж Ж Ж Ж Ж Ж

Ж Ж Ж Ж Ж Ж Ж

Ж Ж Ж Ж Ж Ж Ж

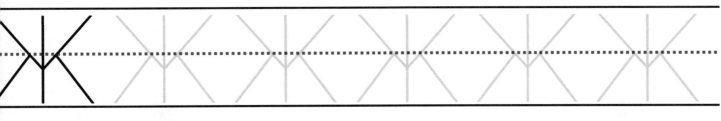

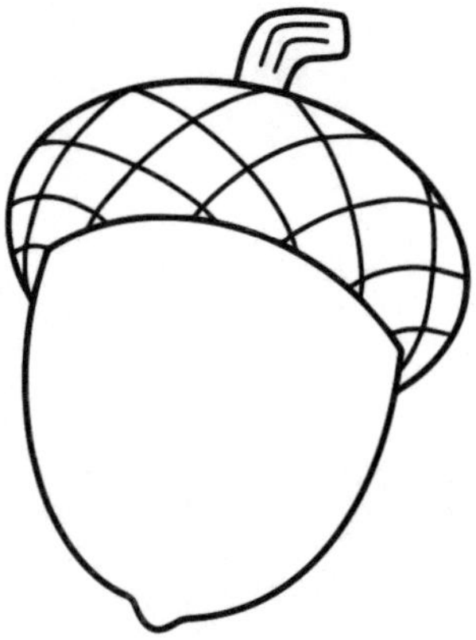

Ім'я:

ЛІТЕРА

З

З З З З З З З З

З З З З З З З З

З З З З З З З З

Ім'я:

ЛІТЕРА

И

И

И И И И И И И И

И И И И И И И И

И И И И И И И И

Ииии

Ім'я:

ЛІТЕРА

І

Ім'я:

ЛІТЕРА

Ї

Ї

Ї

Ї

Ім'я:

ЛІТЕРА

Й

Й й Й й Й й Й й

Й й Й й Й й Й й

Й й Й й Й й Й й

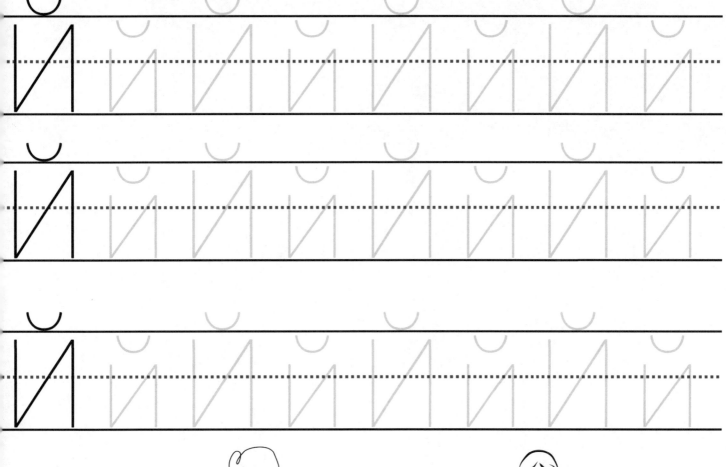

Ім'я:

ЛІТЕРА

К

К к К к К к К к

К к К к К к К к

К к К к К к К к

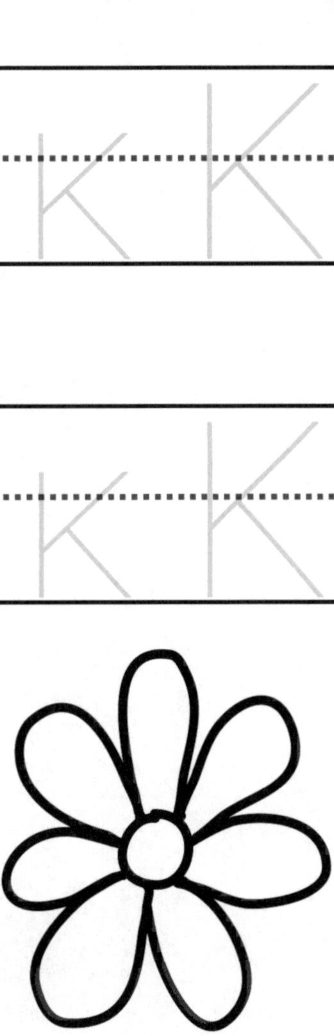

Ім'я:

ЛІТЕРА

Л

Л л Л л Л л Л л

Л л Л л Л л Л л

Л л Л л Л л Л л

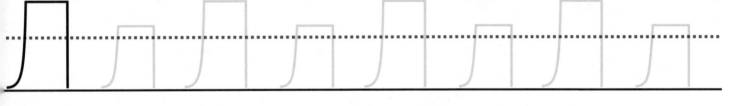

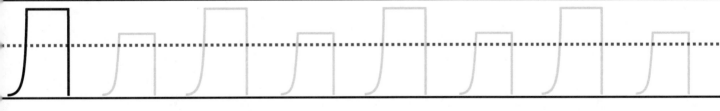

Ім'я:

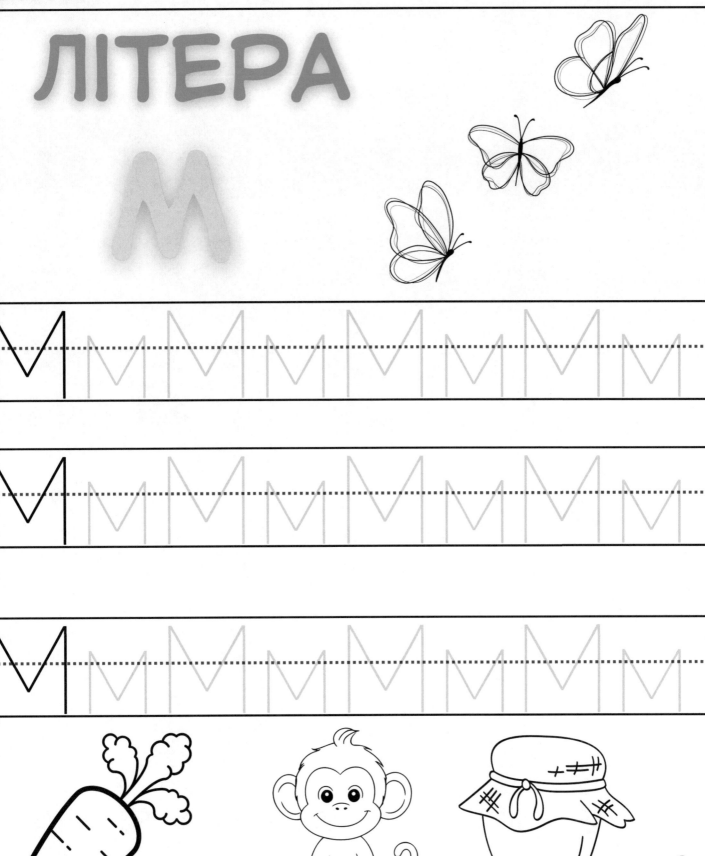

ЛІТЕРА

М

М м М м М м М м

М м М м М м М м

М м М м М м М м

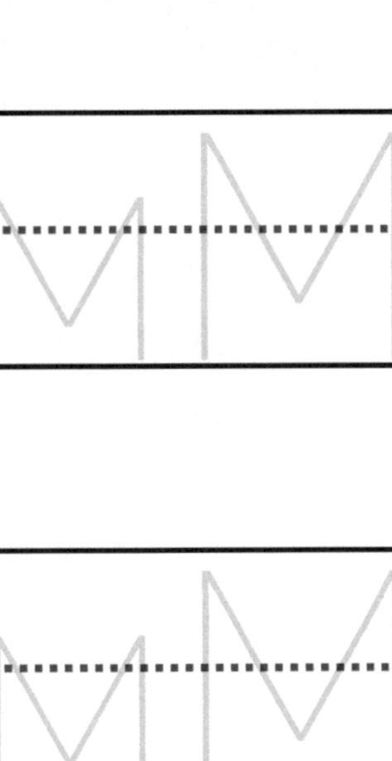

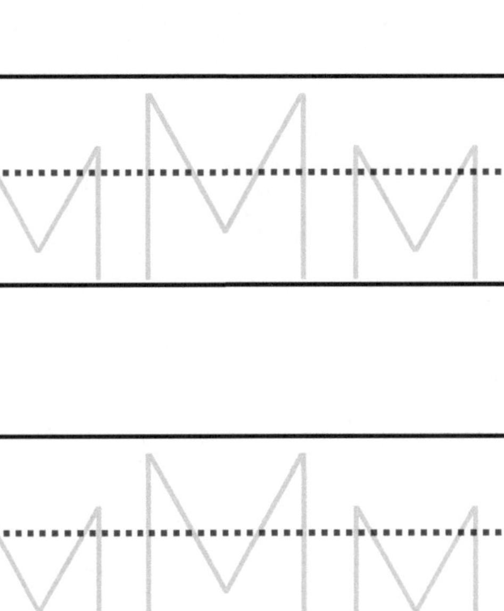

Ім'я:

ЛІТЕРА

Н

Н

Н

Н

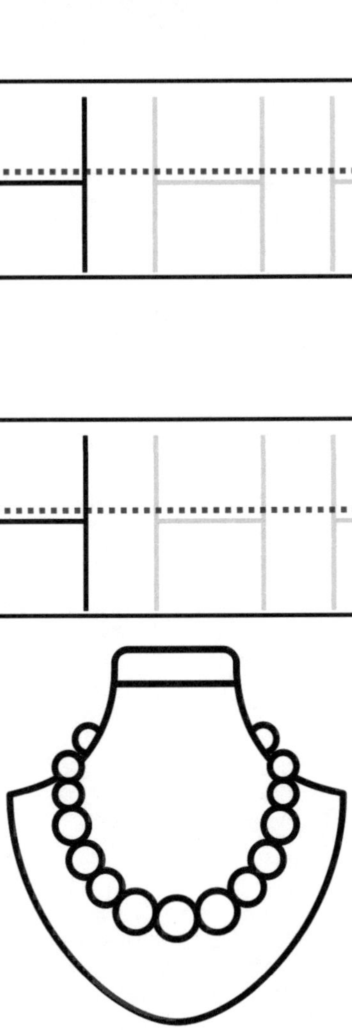

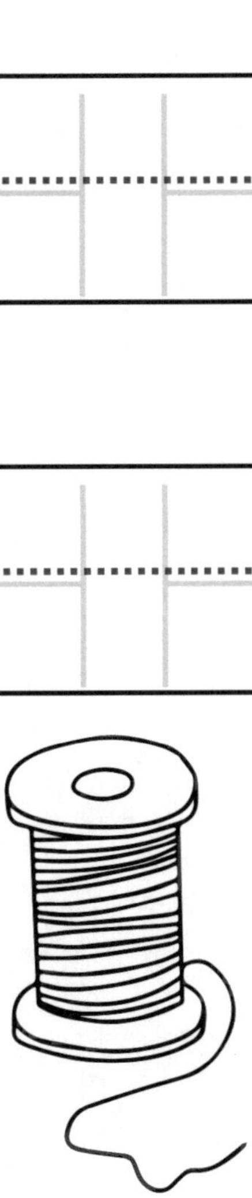

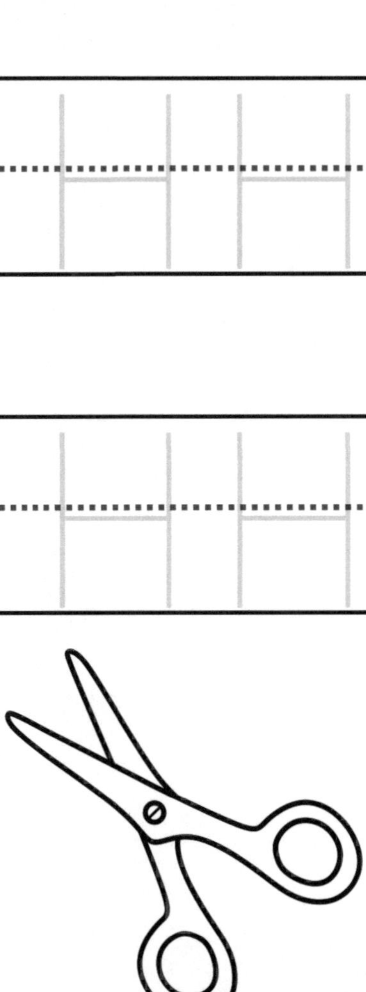

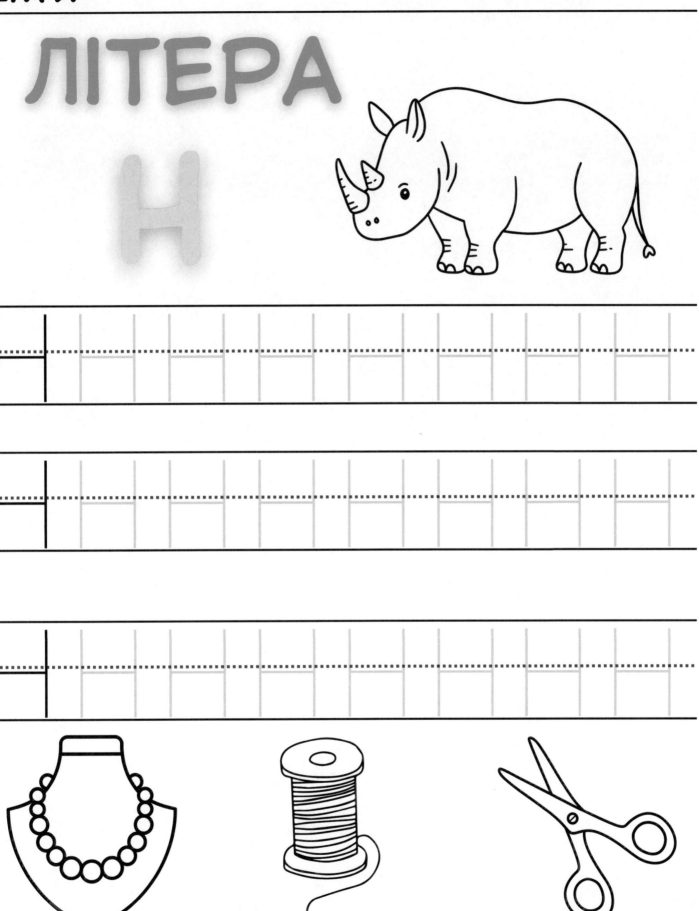

Ім'я:

ЛІТЕРА

О

О О О О О О О О

О О О О О О О О

О О О О О О О О

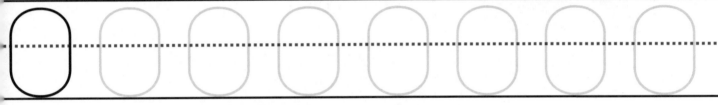

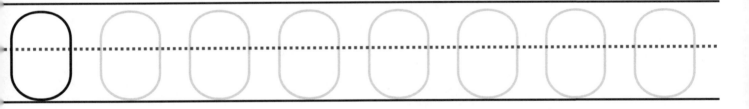

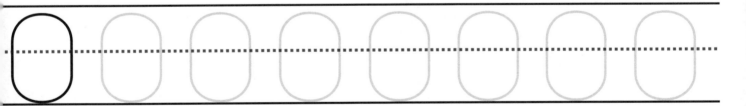

Ім'я:

ЛІТЕРА

П

П

П

П

Ім'я:

ЛІТЕРА

Р

Р Р Р Р Р Р Р Р

Р Р Р Р Р Р Р Р

Р Р Р Р Р Р Р Р

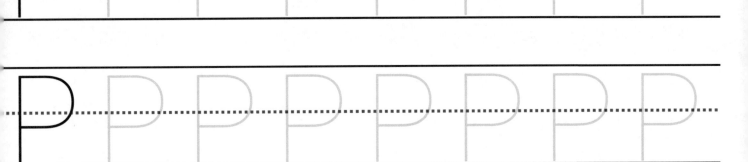

Ім'я:

ЛІТЕРА

С

С С С С С С С С

С С С С С С С С

С С С С С С С С

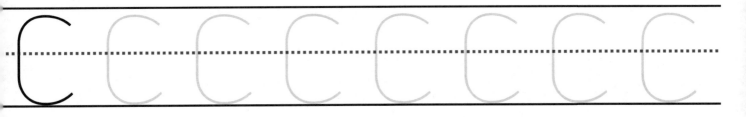

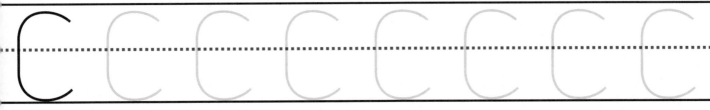

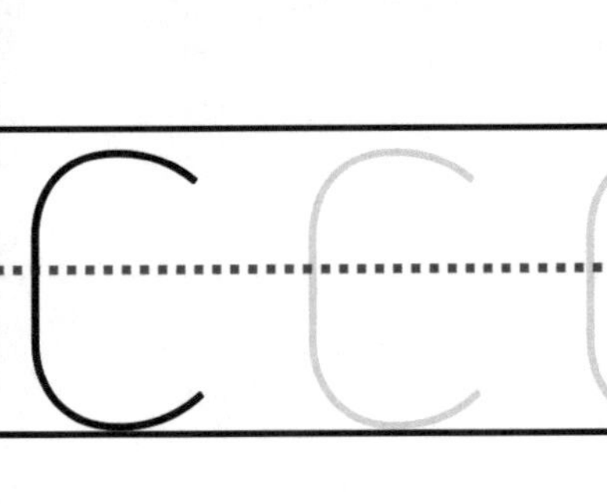

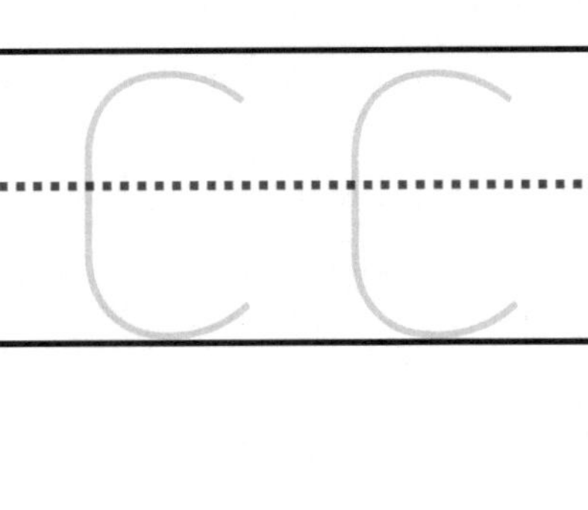

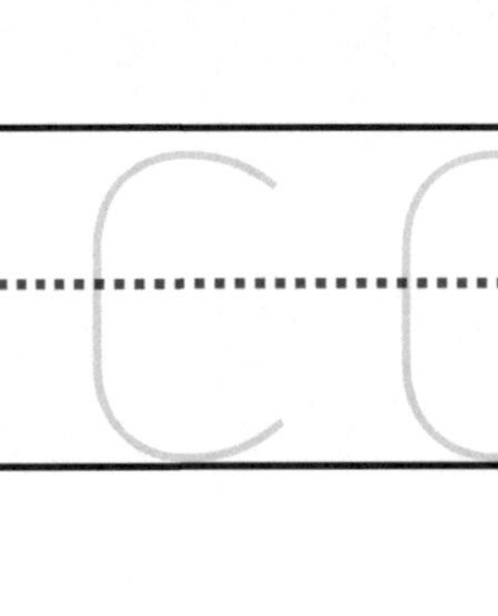

Ім'я:

ЛІТЕРА

Т

Т Т Т Т Т Т Т Т

Т Т Т Т Т Т Т Т

Т Т Т Т Т Т Т Т

Ім'я:

ЛІТЕРА

У

у у у у у у у у

у у у у у у у у

у у у у у у у у

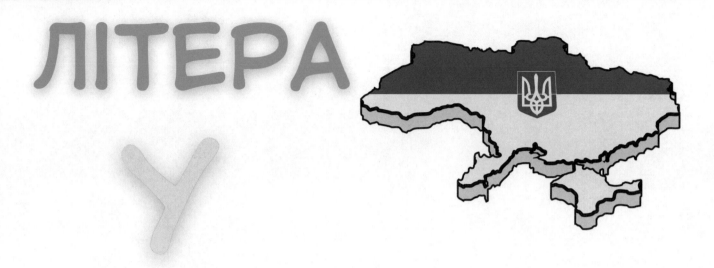

Ім'я:

ЛІТЕРА

Ф

Ф ф Ф ф Ф ф Ф ф

Ф ф Ф ф Ф ф Ф ф

Ф ф Ф ф Ф ф Ф ф

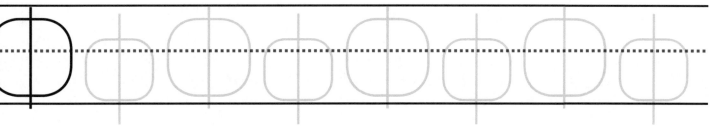

Ім'я:

ЛІТЕРА

Х

Х Х Х Х Х Х Х Х

Х Х Х Х Х Х Х Х

Х Х Х Х Х Х Х Х

Ім'я:

ЛІТЕРА

Ц

Ім'я:

ЛІТЕРА

Ч

Ч

Ч

Ч

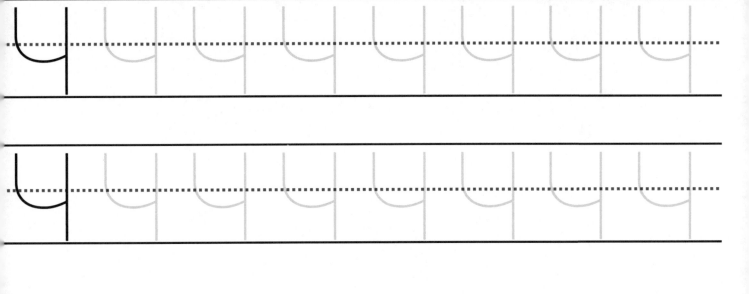

Ім'я:

ЛІТЕРА

Ш

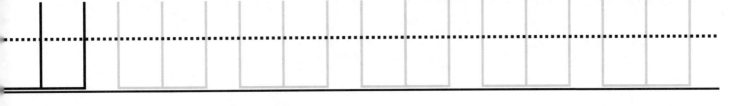

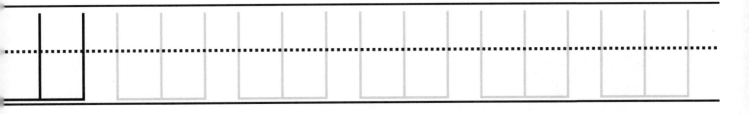

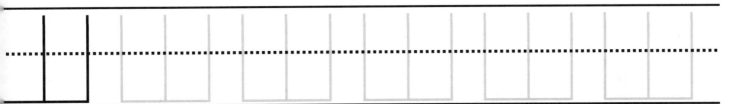

Ім'я:

ЛІТЕРА

Щ

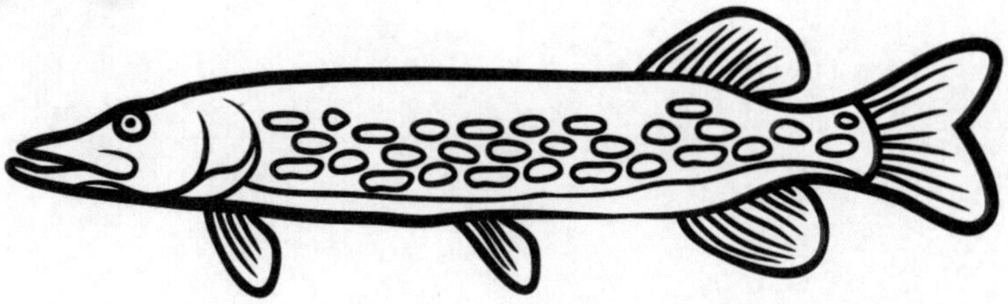

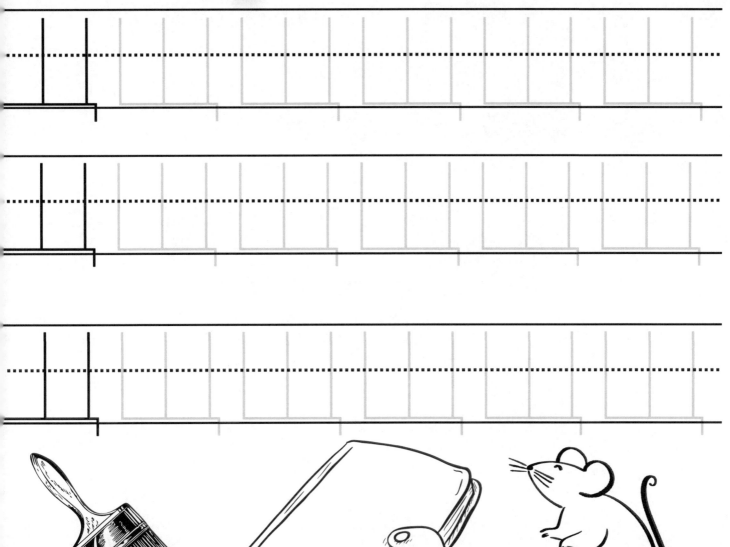

Ім'я:

ЛІТЕРА Ь ь

ь ь ь ь ь ь ь ь

ь ь ь ь ь ь ь ь

ь ь ь ь ь ь ь ь

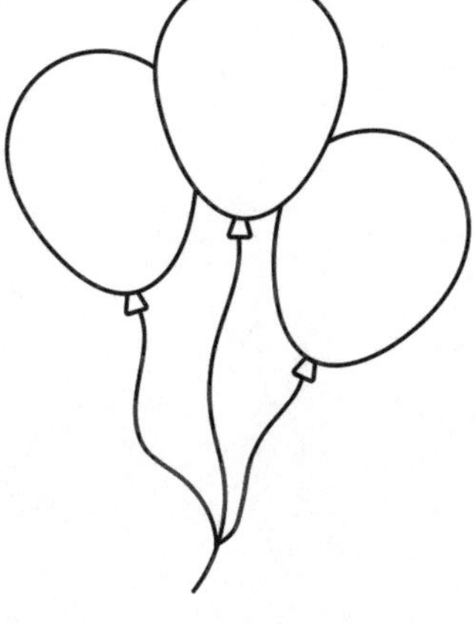

кульки

Ім'я:

ЛІТЕРА

Ю

Ю Ю Ю Ю Ю Ю Ю

Ю Ю Ю Ю Ю Ю Ю

Ю Ю Ю Ю Ю Ю Ю

Ім'я:

ЛІТЕРА

Я

Я Я Я Я Я Я

Я Я Я Я Я Я

Я Я Я Я Я Я

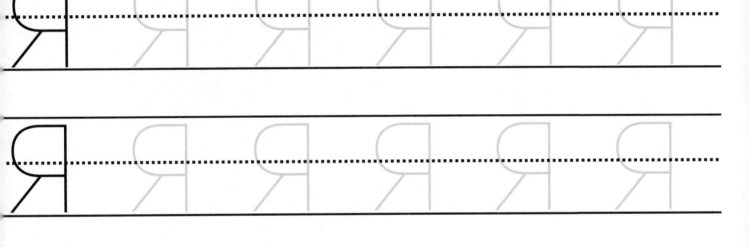

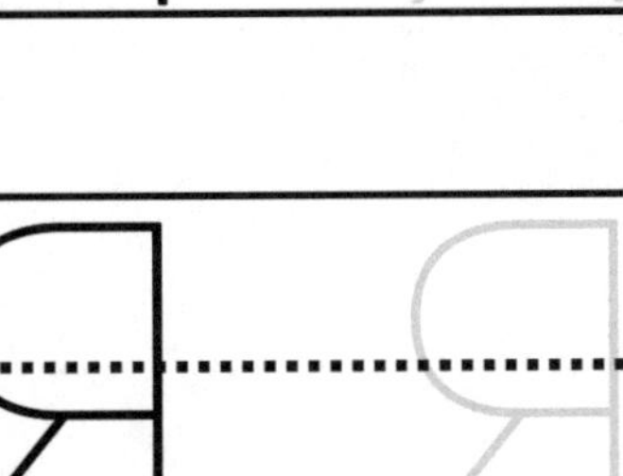

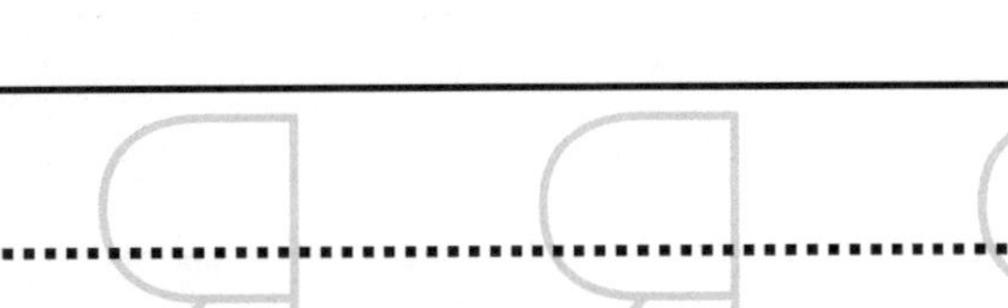

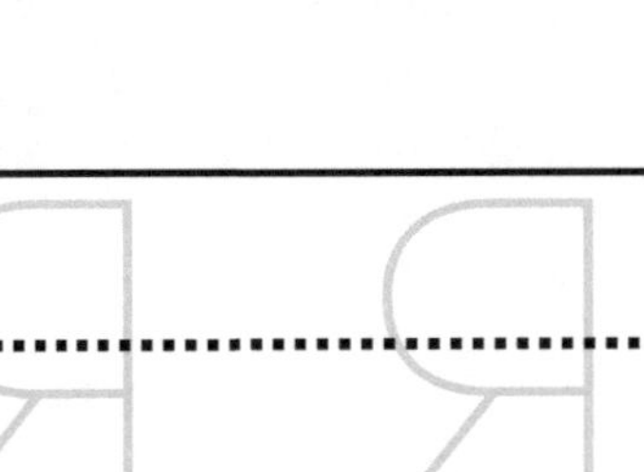

Знайди та розмалюй всі літери "А"

Знайди та розмалюй всі літери "Б"

Знайди та розмалюй всі літери "В"

Знайди та розмалюй всі літери "К"

Розмалюй тільки ті малюнки, що починаються на літеру “Р”

Розмалюй тільки ті малюнки, що починаються на літеру "С"

Розмалюй тільки ті малюнки, що починаються на літеру "К"

Розмалюй тільки ті малюнки, що починаються на літеру "Н"

Дорогі друзі !

Ваші діти пройшли важливий етап у своєму навчанні письма. Пам'ятайте, що ваша підтримка та заохочення дуже важливі на цьому шляху.

Продовжуйте підтримувати їх і надалі, мотивуйте до навчання та розвитку. Нехай кожен успішно пройдений пропис стане для вас ще однією радістю і вагомим досягненням вашої дитини.

Бажаємо вам радості від спільного навчання і безмежної гордості за їхні досягнення. І не забувайте, ваша підтримка - це найкращий кадр для майбутнього успіху вашої дитини!

До зустрічі в наступній книзі !

З любов'ю, Sunrise Publishing

Made in United States
Troutdale, OR
10/28/2024

24214269R00049